À mes deux petites filles qui aiment mes purées et à leur papa qui n'aime pas les cuisiner.

ANGÈLE FERREUX-MAEGHT
photographie ÉMILIE GUELPA

Ma cuisine naturelle POUR BÉBÉ

Recettes & conseils
pour de bons petits plats sains et gourmands

MARABOUT

PRÉFACE

J'ai l'immense plaisir de préfacer ce très joli livre d'Angèle Ferreux-Maeght qui aborde, avec simplicité et bon sens, la diversification alimentaire du nourrisson en proposant des conseils pratiques et des recettes goûteuses, faciles à préparer. Depuis toujours, les parents se préoccupent de la santé de leurs enfants et de leur alimentation. Ils s'interrogent désormais aussi sur l'impact de leur consommation sur l'environnement pour garantir à leur manière un avenir serein à leur progéniture : acheter des produits locaux, cuisiner de saison, consommer moins de viande…
Tout en respectant les principes fondamentaux de la nutrition pédiatrique, Angèle offre une approche originale de l'alimentation pour bébé en privilégiant très tôt des aliments vertueux tels que les huiles végétales, les épices et une grande variété de légumes riches en bons nutriments, sans oublier l'apport essentiel du lait maternel (ou à défaut du lait maternisé) toute la première année. Cet ouvrage bien conçu, à la fois gourmand et pratique, deviendra vite une référence en ce domaine.
À dévorer, sans attendre...

Dr Didier Barocas, médecin généraliste homéopathe
pour adultes, enfants et nourrissons, à Paris

CUISINER POUR LES PETITS

du goût et des produits naturels

Bienvenue dans l'univers… de la non-gastronomie ! Car si notre palais est prêt aujourd'hui à être charmé par des textures, saveurs et esthétismes fascinants, celui des bébés a juste besoin de bon sens et de bonne qualité.
Alors pas de chichis ! Allons à l'essentiel !

Pour moi, qui suis cuisinière et naturopathe, faire des plats pour mes bébés me frustrait au tout début. J'avais envie que ce soit beau, d'ajouter une petite feuille de basilic ou quelques graines de sésame sur ces potées incolores... Mais j'ai appris à ranger mon goût pour les jolies assiettes au vestiaire !

Bien sûr, j'ai voulu que ce livre soit joli, qu'il puisse être offert, comme je prévois de l'offrir à tous mes amis qui ont des bébés. Avec Émilie (Griotte) et mon binome Camille Chamignon, on a fait de très belles photos.
Mais vous, chez vous… ne vous prenez pas le chou !

J'ai aussi appris à valoriser, bien plus encore qu'avant, la qualité du produit de base, qu'il se suffise ou presque et que la main du cuisinier disparaisse. Pas d'ego, pas de talent, mettre juste à l'honneur le bon goût, le bon pour la santé, le supernaturel !

SOMMAIRE

6'95

LES BASES DE L'ALIMENTATION
de votre bébé

Bien alimenter votre bébé, c'est commencer à lui transmettre des valeurs essentielles : les vrais goûts, l'importance de la qualité et le plaisir du partage.

Privilégiez une alimentation bio
Pourquoi nourrir nos petits avec des aliments issus de l'agriculture biologique ? Manger bio nous garantit des taux de pesticides quasi nuls et des fruits et légumes bien plus savoureux. Nous savons aujourd'hui que les pesticides en grande quantité sont des perturbateurs endocriniens, qu'ils impactent le biotope (alors imaginez l'importance de préserver cette toute nouvelle flore intestinale...) et nuisent à la santé globale.

Le bio présente d'autres avantages, notamment pour la quantité de nutriments, de vitamines et d'antioxydants contenus dans les végétaux.

En achetant bio et français, on soutient aussi nos agriculteurs qui respectent les sols souvent épuisés par l'agriculture conventionnelle. Quant aux produits d'origine animale, le bio est également important, puisque les animaux dont proviennent la viande et le lait auront été nourris et soignés en fonction des critères de certification biologique. Bien sûr, le prix peut sembler plus élevé, mais il suffit de consommer moins de viande et de cuisiner maison pour en réduire le coût. Et pour nous, les vieux (oh je rigole hein !), une alimentation saine nous évite de compenser des carences par des compléments alimentaires qui, mis bout à bout, sont onéreux !

Respectez les saisons
Encore un point important : respectez la saisonnalité des produits. Retrouvons le plaisir d'arriver dans une saison, cette impatience de redécouvrir les aliments lorsqu'ils sont les meilleurs (les vrais, avec le vrai goût !). Avoir hâte ! Se réjouir d'entrer dans chaque saison pour ses trésors... et transmettre ça à nos enfants, les « consom'acteurs » du futur, envers qui nous avons un devoir d'exemplarité.

Le plaisir avant tout !
Un autre aspect à ne pas négliger : le plaisir ! Se nourrir et manger quand on sait que l'on fait du bien à la planète, à l'agriculture et qu'on a cuisiné en conscience pour son bébé… il ne digérera que mieux ! Et le point le plus important pour moi... la joie ! Je vous conseille d'essayer au maximum de transmettre de la joie à votre petit

en le nourrissant car l'alimentation va le suivre toute sa vie, et ça doit rester un moment de partage et de bonheur !

L'importance de l'hydratation

Les premières années, conservez le lait bien-sûr. Vous pouvez ajouter une eau très pauvre en minéraux, les petits reins sont fragiles (ces eaux sont d'ailleurs les meilleures pour vous aussi !). L'idéal est de pouvoir filtrer ces eaux chez vous, ou d'absorber les résidus hormonaux de l'eau du robinet avec des billes d'argile, ou bien des bâtons de charbon actif (binchotan).
Si vous n'avez pas la possibilité d'utiliser ces techniques plus écologiques, voici les marques d'eaux minérales que je vous recommande : Mont Roucous®, Rosée de la Reine®, Montcalm®, Volvic®.

À partir de 4 mois, vous pouvez donner à votre bébé des infusions très peu infusées (mélisse, lavande, menthe, thym…), ajouter quelques gouttes d'eau florale au biberon d'eau, ou préparer des eaux infusées de fruits ou de légumes selon les saisons. Vous pouvez aussi commencer doucement les jus de légumes frais (faits maison) dilués avec une moitié d'eau. C'est une excellente manière d'introduire doucement le cru dans son alimentation.

Le lait de jument, plus digeste, moins gras et moins riche en hormones, est aussi bienvenu, et c'est pour ma part ce qui a pris le relais du lait maternel.

Utilisez les bonnes huiles

Les bonnes huiles crues peuvent être introduites dès le début de la diversification. Ce sont de grandes sources d'énergie car elles sont riches en vitamines (A, D , E , K, etc.) ainsi qu'en acides gras essentiels, bons pour le développement cérébral et nécessaires à la croissance de votre bébé !
Mes huiles préférées sont : l'huile de lin, colza, cameline, chanvre, sésame, onagre et bourrache.
Choisissez-les bio et de première pression à froid. Ajoutez-les avant de servir, ne les faites surtout pas chauffer, puis conservez-les au réfrigérateur ou à l'abri de la lumière car elles sont fragiles et précieuses. Vous pouvez de temps en temps remplacer l'huile par une noix de beurre, mais évitez la margarine et la crème fraîche.

Cuisinez maison

Ayez confiance en vous, ne tombez pas dans le piège de l'industrie agroalimentaire qui, pour de nombreuses marques, vous laisse croire qu'il y a une alimentation adaptée aux bébés dans les rayons dédiés des grandes surfaces. Les plats préparés, petits pots, céréales pour bébés ne sont pas inévitables ! Ce que vous ferez vous-même pour lui sera toujours bien meilleur, et bien moins onéreux !
Les marchés de saison ou les potagers sont vos meilleurs fournisseurs.

LA DIVERSIFICATION
de votre enfant

Ça y est, votre tout-petit commence à s'intéresser à la nourriture... C'est un moment excitant, certains parents ressentent déjà de la nostalgie, d'autres du stress ou bien la peur de mal faire... Mon conseil pour ce moment crucial est avant tout de vous faire confiance, à vous, mais aussi à lui !

Les 7 principes capitaux

1. Les 4 premiers mois, le lait suffit au bébé, il est recommandé d'ajouter de la vitamine D quotidiennement. Essayez de la choisir bio si vous le pouvez.

2. Si votre enfant est allaité, ne stressez pas avec les tétés et la diversification, pas besoin d'associer ou de dissocier les deux, faites tout simplement comme vous le sentez !

3. La diversification doit être lente et monotone. Les nouveaux aliments doivent être introduits très progressivement, par petites quantités, et l'un après l'autre. Ne forcez pas votre bébé. S'il n'est pas prêt à un nouveau goût, vous pourrez réessayer plus tard.

4. Évitez le sel, les épices, les moutardes et tout produit raffiné : biscuits, sucre blanc, farines blanches, céréales sucrées du matin, plats préparés, barres chocolatées, charcuterie, sodas...

5. Ne craignez pas que son repas manque de goût ou de diversité, les petits ont les papilles gustatives bien plus développées que les nôtres, et il est important de cuisiner des aliments bruts.

6. Les bonnes graisses sont excellentes pour le développement des bébés (et pour nous tous aussi d'ailleurs !). N'hésitez pas à varier les huiles.

7. Attention aux allergies.
Pour éviter les allergies, si votre enfant s'inscrit dans une famille au terrain atopique, introduisez très doucement, et en observant attentivement ses réactions, les aliments suivants : les arachides, les fruits de mer, le fromage de vache, le gluten. En revanche, tous les poissons conviennent, qu'ils soient gras ou maigres, frais ou surgelés !
Par ailleurs, écartez le miel de l'alimentation de votre enfant jusqu'à l'âge de 1 an en raison des risques de botulisme.

Les premiers pas de la diversification

Commencez par un seul légume pendant au moins 3-4 jours d'affilée, cuit idéalement à la vapeur douce, à la vapeur ou à l'eau. Celui-ci doit être fondant. On commence par des légumes doux tels que les carottes, les courgettes, la patate douce, les courges... Évitez les légumes trop riches en fibres, comme la partie verte des poireaux ou bien les salsifis... plus difficiles à digérer.
Une fois par jour, vous pouvez lui mixer des compotes de légumes ou de fruits cuits ou crus bien mûrs. Si vous n'avez pas de mixeur à portée de main, écrasez simplement les fruits avec une fourchette (poire, fraise, banane, pêche...). Ajoutez-y 1 pincée de spiruline, riche en protéines et minéraux assimilables, ou quelques gouttes d'une bonne huile crue dans ses plats.

Vers 6 mois, on passe à l'étape suivante

À partir de 6 mois, votre enfant commence à se retourner, à se tenir assis, et essaie de tout attraper avec ses petites mains potelées. Le lait maternel ne suffit plus à le nourrir car ses besoins augmentent. Commencez à introduire des flocons de céréales sans gluten mixés et 10 g de protéines dans vos préparations : protéines végétales, jaunes d'œufs issus de l'agriculture biologique et des laitages de chèvre et de brebis…
Au début, mixez ou écrasez finement tous ces aliments. Au fur et à mesure que votre enfant grandit, augmentez progressivement les quantités et les petits morceaux. Vous pouvez également introduire des fruits crus râpés. Sachez qu'il peut faire jusqu'à 6 repas par jour dont 2 diversifiés. Donnez-lui des protéines une seule fois par jour. Pour ma part, j'ai privilégié une alimentation végétalienne (hors lait maternel) jusqu'aux 7 mois de mes filles.

9 mois... et plus

À partir de 9 mois, votre enfant commence à manger de la viande, du poisson et des œufs entiers. Vous pouvez lui en donner 20 g par jour. Les textures s'épaississent et sont toujours très salissantes ! Il découvre petit à petit les morceaux de légumes cuits et suçote des fruits crus. Dès 12 mois, votre bébé mange de tout et vous partagez les mêmes repas.

LES SUPERALIMENTS
pour bébé

L'alimentation est la première pharmacie !
Cuisiner des produits frais et de saison mais aussi intégrer des superaliments à mes recettes, sont un bon moyen de prévenir certains maux. Découvrez les superaliments que vous pouvez utiliser pour les petits plats de bébé.

Un superaliment est un aliment qui, en plus de ses valeurs nutritionnelles de base, concentre une grande quantité de nutriments bénéfiques pour la santé. Les superaliments sont souvent chers et importés. Je privilégie ceux d'origine française.

Les algues
Spiruline, nori, dulse, laminaire, chlorella, salicorne… Ce sont un peu nos légumes aquatiques. J'aime beaucoup le goût qu'elles donnent aux recettes. Riches en protéines végétales, iode et sélénium, elles sont excellentes pour la santé !

Les oléagineux : noix, graines…
Riches en minéraux, en bons gras et en vitamines, les oléagineux sont très bénéfiques pour l'alimentation du bébé. Ils participent au bon développement du cerveau grâce aux oméga 3 qu'ils contiennent. À consommer tout d'abord par petites touches sous forme d'huile, puis de boisson ou de purée, et enfin moulues... Les petites graines (sésame, chanvre ou chia) peuvent être consommées entières à partir de 9 mois. Pour les graines plus volumineuses (noisettes, amandes, tournesol…), attendez que votre enfant ait au moins 3 ans car elles pourraient être mal mâchées et dégluties.

Les baies et fruits rouges
Bourrées d'antioxydants, les baies et les fruits rouges sont des superaliments de compétition. En général, les enfants les apprécient très tôt. Vous pouvez dès 6 mois donner quelques framboises bio à suçoter si vous vous fichez des taches... Ou préparez des glaces, des smoothies ou des soupes de fruits en variant les ingrédients au fil des saisons.

Les choux : kale, brocoli, chou cabus...
Abusons de nos choux choux ! Leurs qualités nutritionnelles sont innombrables. À la fois riches en fibres, vitamines, protéines, fer, phosphore, potassium, calcium, zinc et lutéine… Vous pouvez les cuisiner sous toutes les formes : soupes, purées et en bâtonnets crus pour l'apéro à partir de 18 mois.

BIEN S'ORGANISER
pour cuisiner maison

Avant tout, rien n'est indispensable !
Ne vous jetez pas à corps perdu dans les achats d'ustensiles et de gadgets en tout genre ; onéreux, non-écologiques et pas toujours utilisés.

Dans une logique de décroissance, nous avions décidé avec mon amoureux de ne rien acheter pour l'arrivée de notre premier bébé, et que, nous n'investirions dans du matériel de puériculture que si un besoin particulier se faisait ressentir. Ainsi, par l'expérience, nous avons réalisé qu'un matelas au sol remplaçait très bien un lit spécial (d'autant que dès que l'enfant grandit, il peut jouer seul, et vous faire gagner quelques très précieuses minutes de sommeil...), qu'il suffit de jeter une serviette sur un lit ou un canapé pour faire office de table à langer, et qu'un torchon noué est beaucoup plus joli qu'un bavoir... En revanche, les poussettes sont finalement d'une très grande utilité !

LES USTENSILES

En cuisine, si vous voulez investir, choisissez des ustensiles qui serviront à tout le monde et pour longtemps. Mais vous avez peut-être déjà tout ce qu'il vous faut dans vos placards !

Un cuit-vapeur

J'ai un « cuit vapeur douce » qui me permet de tout faire (à part les crêpes).

Je vous recommande de privilégier un cuit-vapeur en inox, avec un culot bien épais. Évitez à tout prix le plastique car sa dégradation lorsqu'il chauffe est néfaste.

Une casserole

Vous pouvez également utiliser une simple casserole, de préférence en inox, acier, fonte ou en verre. Il en existe de très bonne qualité, produites en France. Écartez les revêtement PTFE dont les microparticules se retrouvent dans nos préparations.

Un robot pour mixer

Optez pour un bon blender, ou un mixeur plongeant, pour finaliser presque l'intégralité des recettes de bébé de 4 à 9 mois.
Mais, encore une fois, rien n'est inévitable, vous pouvez aussi écraser vos végétaux à la fourchette !

Quand vous n'avez rien sous la main

Ma technique superfacile « sans préparation, sans cuisson, sans ustensile et sans vaisselle » est d'écraser une banane avec les doigts à travers la peau, de manière à réaliser une

purée, et d'ouvrir juste un côté puis donner la compote supernature avec une cuillère. J'écrase aussi la pulpe à même la coque de l'avocat. Cette technique (avec l'allaitement) m'a permis de faire le tour du monde avec ma fille de ses 3 à 7 mois sans la moindre difficulté !

LA CUISSON DES ALIMENTS

La cuisson à la vapeur

Les cuissons à la vapeur douce ou à l'eau sont les meilleures pour la santé de votre bébé. Elles préservent au mieux les nutriments contenus dans les aliments que vous cuisinez.

À éviter

Évitez surtout : les fritures, les cuissons au BBQ, au four à trop haute température ou au micro-ondes qui altèrent les molécules des ingrédients cuits (mieux vaut que votre bébé mange froid !), et rappelez-vous de ne pas chauffer des contenants ou ustensiles en plastique.

CUISINER POUR LA SEMAINE

Le principe est simple : cuisiner les ingrédients des repas de la semaine en une seule fois !

Les légumes

De 4 à 6 mois, je vous conseille de cuire une courge entière, une botte de carottes ou bien 3 patates douces, de les mixer, puis de placer la préparation obtenue dans des moules à glaçons. Au tout début de la diversification, les bébés mangent très peu, cela vous permettra de réchauffer uniquement la quantité désirée. À partir de 6 mois, le bébé mange de plus grandes quantités, j'utilise donc des sachets de conservation de lait maternel hermétiques que je peux garder jusqu'à 5 jours au réfrigérateur. Dès 9 mois, lorsque votre bébé commence à découvrir de nouvelles textures, vous pouvez congeler les légumes cuits entiers.

Les protéines

À partir de 9 mois, les repas de bébé vont contenir une protéine jusqu'à une fois par jour. Pensez à préparer un poulet effiloché ou bien un poisson à la vapeur. Vous pouvez l'intégrer à la purée avant congélation ou bien le garder de côté et choisir à quel repas vous lui donnerez.

Les légumineuses

Je vous conseille de faire cuire un sachet de céréales (quinoa, pâtes complètes, épeautre…) ainsi qu'un sachet de légumineuses (lentilles, haricots, pois…). Comme pour les protéines, vous pouvez les conserver et les ajouter à la recette de votre choix.

La touche finale au moment de servir

Pensez à utiliser de bonnes huiles crues pour assaisonner vos recettes le Jour J et ainsi varier leurs goûts et leurs bienfaits.

Adaptez les préparations pour les grands

Et pour vous, n'hésitez pas à faire sauter les mêmes préparations dans une poêle avec de l'huile bien chaude et des épices (ail, oignons, sauce soja, suprêmes de citron...) ou à les utiliser pour faire un gratin en préparant une béchamel, ou bien un curry en ajoutant du lait de coco, des feuilles de citron kaffir, du gingembre et de la citronnelle...

4 À 6 MOIS

premiers repas

CRÈME
COURGE & CHANVRE

Les courges sont riches en minéraux et oligo-éléments. Les bébés en raffolent. Idéales pour les flemmardes comme moi ! Une grosse courge cuite à la vapeur et les 10 prochains repas de votre bébé sont prêts !

Automne, hiver

POUR 4 POTS

1 petit potiron
(ou un autre type de courge : ½ butternut, ¼ de potimarron)

Quelques gouttes d'huile de chanvre

—

Lavez la courge et coupez-la grossièrement en morceaux. Déposez-les dans le panier d'un cuit-vapeur pendant 15 minutes. Mixez à l'aide d'un robot ou écrasez finement avec une fourchette. Ajustez la consistance avec de l'eau de source. Ajoutez quelques gouttes d'huile de chanvre.

POTAGE COURGETTE & LIN

L'huile de lin est riche en oméga 3, parfaite pour le développement du cerveau de votre futur génie ! Attention, elle doit être consommée rapidement et conservée au frais, à l'abri de la lumière.

Printemps, été

POUR 4 POTS

4 minicourgettes

Quelques gouttes d'huile de lin

Lavez les courgettes et coupez-les grossièrement en enlevant les extrémités. Déposez les morceaux de courgette dans le panier du cuit-vapeur et faites cuire pendant 10 minutes. Mixez à l'aide d'un robot. Si vous écrasez à la fourchette, pelez les courgettes avant la cuisson et enlevez les pépins. Ajustez la consistance avec de l'eau de source. Ajoutez quelques gouttes d'huile de lin.

SOUPE DE CAROTTES DES SABLES

Pas sûr qu'elle rende vraiment aimable… mais la carotte favorise la cicatrisation et est bonne pour la vue.

Toute l'année

POUR 4 POTS

3 carottes des sables

Quelques gouttes d'huile d'olive (en option)

—

Lavez les carottes, enlevez les extrémités puis épluchez-les. Coupez-les grossièrement. Déposez les morceaux de carotte dans le panier du cuit-vapeur et faites cuire pendant 20 minutes. Mixez à l'aide d'un robot ou écrasez finement avec une fourchette. Ajustez la consistance avec de l'eau de source. Ajoutez quelques gouttes d'huile d'olive.

GASPACHO

Les tomates et les concombres protègent la peau. Personnellement, j'ai toujours laissé les pépins de tomate, concombre, courgette et aubergine. Il est cependant recommandé de les épépiner si votre bébé a une sensibilité digestive.

Été

POUR 4 POTS

3 tomates multicolores

¼ de concombre

—

Lavez les tomates. Ébouillantez-les pour enlever facilement leur peau. Enlevez le cœur. Épépinez le concombre si vous avez le courage, sinon laissez-le entier. Mixez le concombre avec les tomates, et versez le gaspacho dans des petits verres.

PURÉE DE PATATE DOUCE

La patate douce est une source de vitamines A, B6 et C. C'est un légume idéal à cuisiner quand je suis pressée. Une fois cuit, la purée est déjà presque prête !

Automne, hiver

POUR 4 POTS

1 patate douce

Quelques gouttes d'huile de colza

—

Lavez la patate douce et épluchez-la. Déposez la patate douce dans le panier du cuit-vapeur et faites cuire pendant 15 minutes. Mixez à l'aide d'un robot ou écrasez finement avec une fourchette. Ajustez la consistance avec de l'eau. Ajoutez quelques gouttes d'huile de colza.

ÉCRASÉE DE POMMES DE TERRE

La pomme de terre est réputée pour réduire l'acidité de l'estomac. Elle est riche en potassium. Une astuce pour faire manger des légumes verts à votre bébé : mélangez-les à votre sublime purée de pommes de terre !

Toute l'année

POUR 4 POTS

4 pommes de terre

Une noisette de beurre

Lavez les pommes de terre, épluchez-les et coupez-les grossièrement. Déposez les morceaux de pomme de terre dans le panier du cuit-vapeur et faites cuire pendant 20 minutes. Écrasez les pommes de terre finement avec un presse-purée ou avec une fourchette. Ajoutez la noisette de beurre sur la purée encore chaude.

—

VARIANTE AU BROCOLI

Ajoutez quelques fleurettes de brocoli à la cuisson des pommes de terres.

PURÉE HARICOTS VERTS & ÉPINARDS

Les haricots verts sont une source de chlorophylle, et les épinards sont riches en fer. Si avec ça, votre petit ne soulève pas des altères...

Été

POUR 4 POTS

2 poignées de haricots verts

2 poignées de pousses d'épinard

—

Dans une casserole, faites bouillir de l'eau et déposez les haricots verts équeutés. Mettez les pousses d'épinard dans une passoire en inox (évitez de faire chauffer du plastique) et déposez-la sur le dessus de la casserole afin de cuire les pousses d'épinard à la vapeur. Écrasez le tout à l'aide d'une fourchette ou mixez grossièrement avec un mixeur.

—

POUR UNE VERSION FAMILIALE

Faites revenir les haricots crus équeutés avec un filet d'huile de sésame et 2 gousses d'ail coupées en fines lamelles. Au dernier moment, saupoudrez de gomasio. C'est prêt !

MOULINÉ POIREAU & CHOU-FLEUR

Avec ou sans invitation, les petites infections aiment pointer leur nez en hiver... Cette purée aidera votre petit à renforcer ses défenses immunitaires.

Toute l'année

POUR 4 POTS

1 blanc de poireau

¼ de chou-fleur

Quelques gouttes d'huile de cameline

Lavez le chou-fleur et coupez-le en sommités. Coupez le blanc de poireau. Déposez les légumes dans un cuit-vapeur et laissez cuire 15 minutes. Mixez à l'aide d'un robot ou écrasez finement avec une fourchette. Ajustez la consistance avec de l'eau. Ajoutez quelques gouttes d'huile de cameline.

—

POUR UNE VERSION FAMILIALE

Réalisez des pickles de chou-fleur au curcuma. Déposez les sommités de chou-fleur dans un pot en verre ou un saladier résistant à la chaleur. Parsemez-les de poudre de curcuma. Dans une casserole, faites chauffer 2 verres de vinaigre blanc, 1 verre de sucre et 1 verre d'eau. Quand le mélange est à ébullition, versez-le sur les sommités de chou-fleur. Laissez reposer jusqu'à refroidissement.

TRIO DE RACINES PANAIS, CAROTTE, POMME DE TERRE

Les légumes-racines sont riches en potassium.
L'huile de lin apporte des oméga 3 et de la vitamine E.

Automne

POUR 4 POTS

1 panais

1 carotte

1 pomme de terre charlotte

Quelques gouttes d'huile de lin

Lavez tous les légumes, épluchez-les et coupez-les grossièrement. Déposez tous les morceaux de légumes dans le panier du cuit-vapeur et faites cuire pendant 20 minutes. Mixez à l'aide d'un robot ou écrasez finement avec une fourchette. Ajustez la consistance avec de l'eau. Ajoutez quelques gouttes d'huile de lin.

PORRIDGES

Sucrées ou salées, ces recettes à l'index glycémique bas se dégustent en plat, en dessert ou au goûter, mais toujours avec un accent « british » if you please !

Toute l'année

POUR 4 PORTIONS

2 verres de flocons (riz, sarrasin ou quinoa)

2 verres de boisson végétale

2 verres d'eau

Faites chauffer la boisson végétale de votre choix. Vous pouvez ajouter de l'eau pour un porridge plus léger. Pour un porridge plus gourmand, ajoutez 2 portions de boisson végétale. Portez à ébullition, versez en pluie les flocons puis coupez le feu, couvrez et laissez gonfler 5 minutes.

—

Voici les associations de goûts :

1 - Flocons de quinoa et lait d'amande.

2 - Flocons d'avoine et boisson de riz nature. On peut aromatiser avec les graines de 1 gousse de vanille.

3 - Flocons d'avoine et boisson de riz au curcuma.

4 - Flocons de sarrasin et spiruline.

—

ASTUCE

Mélangez avec une compote de votre choix (voir recettes pages 46-47).

COMPOTES DE FRUITS

Lavez, épluchez, coupez ou équeutez les fruits. Versez tous les ingrédients dans une casserole en ajoutant un filet d'eau. Faites cuire à feu doux ou bien utilisez un cuit-vapeur. Versez les fruits dans un blender et mixez jusqu'à l'obtention d'une crème onctueuse ou écrasez-les grossièrement à l'aide d'une fourchette.

POUR 4 POTS

Mangue, ananas
Riche en manganèse, bon pour la santé des os.

Hiver

1 petit ananas victoria

1 petite mangue

Pêche, abricot
Riche en vitamine C.

Été

4 abricots

2 pêches

Quetsche, raisin, amande

Riche en vitamine E
et en oméga 3.

Été, automne

1 poignée d'amandes entières

5 quetsches

1 petite grappe de raisin

La veille, faites tremper les amandes. Faites cuire les amandes avec les fruits.

Pomme, fraise, myrtille, goji

Riche en vitamine C,
bon pour la vue.

Printemps, été

1 petite poignée de baies de goji

3 pommes

50 g de fraises

50 g de myrtilles

Pomme, potimarron

Renforce le système
immunitaire.

Automne, hiver

¼ de potimarron

3 pommes

Pomme vapeur

Hydrate, apaise les intestins.

Automne, hiver

6 pommes

2 pincées de cannelle
et/ou les graines de 1 gousse de vanille (en option)

DESSERT COURGETTE & BANANE

La banane est riche en magnésium, en potassium et en fer. Elle stimule l'hormone du bonheur, idéale pour les enfants bougons, voire carrément grincheux...

Printemps, été

POUR 4 POTS

2 courgettes

1 banane

1 cuillerée à café d'huile de colza

—

Lavez, épluchez et coupez grossièrement la courgette. Déposez tous les morceaux dans le panier du cuit-vapeur pendant 15 minutes. Mixez à l'aide d'un robot ou écrasez finement avec une fourchette en ajoutant la banane. Vous pouvez verser quelques gouttes d'huile de colza avant de servir.

CRUPOTES

Lavez, épluchez, coupez ou équeutez les fruits si besoin. Versez tous les ingrédients dans un blender et mixez jusqu'à l'obtention d'une crème onctueuse.

POUR 4 POTS

Acaï, banane
Riche en polyphénols et en phosphore.
Toute l'année

2 bananes

2 cuillerées à soupe de poudre d'acaï

Fruits rouges
Bon pour la vue, riche en vitamines.
Été

100 g de framboises

100 g de myrtilles

100 g de mûres

Fraise, eau de fleur d'oranger
Apaisant, riche en vitamines.
Printemps, été
300 g de fraises
2 cuillerées à soupe d'eau de fleur d'oranger

Pêche, abricot, banane
Protège les os.
Été
1 banane
3 abricots
1 pêche

Mangue, jus de betterave
Riche en fer et en acide folique (bon pour le développement).
Hiver
2 petites mangues
10 cl de jus de betterave

Pêche, avocat
Riche en vitamines C, K et E.
Été
3 pêches
1 avocat

6 À 9 MOIS

premiers repas protéinés

VELOUTÉ PETITS POIS, MAÏS & COCO

Les petits pois sont riches en potassium. Comme les courges et la patate douce, le maïs est naturellement sucré et très apprécié des petits.

Été

POUR 4 PORTIONS

1 poignée de petits pois

Les grains de maïs prélevés sur un épi (environ 5 cuillerées à soupe)

150 g de crème de coco

15 cl d'eau

—

Faites cuire les petits pois et les grains de maïs dans de l'eau bouillante pendant 3 minutes. Égouttez puis déposez dans le bol d'un mixeur. Mixez avec la crème de coco et l'eau. Ajustez la consistance à votre convenance.

—

POUR UNE VERSION FAMILIALE

Vous pouvez transformer cette recette en curry en ajoutant : tamari, galanga, gingembre, citronnelle et autres légumes et même des protéines !

SOUPE FENOUIL & BREBIS

Pour faire le plein de calcium, dès les premiers mois, habituez votre bébé à manger des yaourts de brebis ou de chèvre, moins gras et plus faciles à digérer que ceux à base de lait de vache.

Toute l'année

POUR 4 PORTIONS

1 petit fenouil

1 yaourt de brebis (ou de coco)

Faites cuire le fenouil à la vapeur, pendant 15 à 20 minutes. Déposez dans le bol d'un mixeur et ajoutez le yaourt. Mixez jusqu'à l'obtention d'une soupe lisse. Ajustez la consistance avec un filet d'eau.

—

ASTUCE

Je vous conseille d'ajouter quelques feuilles de menthe lorsque vous mixez la soupe pour lui apporter encore plus de fraîcheur.

CRÈME
LENTILLES & MISO

Je cuisine des lentilles en tous genres et sous toutes leurs formes : soupe, houmous, salade, acompagnement, curry...
Elles sont une source formidable de fer et de protéines végétales.

Toute l'année

POUR 4 PORTIONS

100 g de lentilles noires béluga ou de lentilles vertes du Puy

1 cuillerée à café de pâte de miso frais

Faites cuire les lentilles dans de l'eau bouillante comme indiqué sur le paquet. Égouttez.
Dans un blender, déposez les lentilles puis le miso.
Vous pouvez ajuster la consistance avec un filet d'eau.
Mixez jusqu'à l'obtention d'un mélange onctueux.

—

ASTUCE

Vous pouvez finaliser cette recette par quelques gouttes d'huile de sésame cru.

TAMBOUILLE DU SOLEIL

Les tomates sont riches en vitamine A.
Si votre bébé a une sensibilité gastrique, ôtez leur peau et leurs pépins que vous pourrez, une fois séchés, faire pousser avec vos enfants pour une activité utile et ludique !

Éte

POUR 4 PORTIONS

1 courgette

3 tomates épluchées

2 branches de basilic

Un filet d'huile d'olive

Lavez les tomates et coupez-les en quartiers. Dans une petite casserole, faites revenir tous les légumes dans un filet d'huile d'olive à feu très doux. Versez de l'eau jusqu'à ce qu'ils soient recouverts, puis ajoutez les feuilles de basilic. Laissez cuire jusqu'à ce que tous les légumes soient « fondus ». Vous pouvez aussi les écraser avec une fourchette pour casser les morceaux restants de légumes.

—

ASTUCE

Pour cette recette, vous pouvez vous servir du cœur des légumes utilisés pour les petits farcis (voir recette page 149) ou pour le gaspacho (voir recette page 31).

BLINIS VERTS, HOUMOUS DE LENTILLES

Ces blinis ont un indice glycémique bas et sont riches en chlorophylle. Les lentilles corail et les pois chiches sont une source de protéines végétales.

Toute l'année

POUR 12 BLINIS

150 g de farine (ou mélange de farines sans gluten : 50 g de farine de sarrasin, 50 g de farine de riz, 50 g de poudre d'amandes)

2 œufs frais

1 yaourt entier bio

1 sachet de levure chimique bio

Pesto d'herbes

1 bouquet d'aneth

1 bouquet de persil

1 bouquet de cerfeuil

10 cl d'huile d'olive

10 cl d'eau

Houmous de lentilles corail

300 g de lentilles corail déjà cuites

100 g de pois chiches

2 cuillerées à soupe de purée d'amandes complètes

Le jus de 1 citron

Préparez le pesto. Lavez les bouquets d'herbes. Coupez les queues de chaque bouquet. Déposez les herbes dans un saladier qui ne craint pas la chaleur, en inox par exemple. Faites bouillir de l'eau dans une casserole ou une bouilloire. Versez l'eau bouillante directement sur les herbes. Laissez 3 minutes puis rincez à l'eau froide. Déposez les herbes essorées dans le bol d'un mixeur. Ajoutez l'huile d'olive et l'eau, et mixez jusqu'à l'obtention d'une pâte lisse. Réservez dans une boîte.

Dans un saladier, mélangez la farine avec la levure. Ajoutez les œufs et le yaourt, et mélangez vigoureusement à l'aide d'un fouet. Ajoutez 4 cuillerées à soupe de pesto d'herbes. Laissez reposer au moins 1 heure au frais. Faites cuire les petits blinis dans une poêle huilée.

Préparez le houmous. Versez tous les ingrédients dans le bol d'un mixeur. Mixez jusqu'à l'obtention d'un mélange crémeux. Ajustez la consistance avec un filet d'eau. Servez les blinis avec le houmous.

—

ASTUCE

Si la texture vous semble encore trop molle pour votre bébé, prolongez la cuisson au four de quelques minutes jusqu'à ce que les blinis soient plus durs.

ÉCRASÉE COURGETTE & CHÈVRE

La courgette hydrate et renforce le système cardiaque. Elle est riche en vitamine A. Si votre petit a une sensibilité digestive, pelez et épépinez les courgettes pour cette recette.

Été

POUR 4 PORTIONS

4 petites courgettes

1 petit chèvre frais bio

Un filet d'huile d'olive

Lavez les courgettes et coupez-les en morceaux. Faites-les cuire dans un peu d'eau pendant 10 minutes à couvert, puis 10 minutes à découvert jusqu'à ce que l'eau se soit évaporée et que les morceaux de courgette soient tendres. Écrasez à l'aide d'une fourchette en ajoutant un filet d'huile d'olive et le chèvre frais. Servez dans des petits bols, c'est prêt !

—

POUR UNE VERSION FAMILIALE

Faites sauter les courgettes dans l'huile d'olive afin qu'elles rôtissent légèrement. Dégustez aussi avec du chèvre frais et des pignons toastés, en accompagnement ou en entrée. Vous pouvez ajouter les aromates et les herbes fraîches de votre choix !

AUBERGINE & PATATE DOUCE LIKE A CAVIAR !

La patate douce, riche en potassium, adoucit la légère amertume de l'aubergine. It's a match !

Été

POUR 4 POTS

3 aubergines

1 petite patate douce

Un filet d'huile d'olive

—

Lavez les légumes. Épluchez la patate douce et coupez-la en cubes. Déposez les aubergines entières sur une plaque allant au four. Déposez les morceaux de patate douce préalablement arrosés d'un filet d'huile d'olive. Faites cuire 45 minutes à 160 °C. Récupérez la chair des aubergines à l'aide d'une cuillère, en enlevant la peau. Déposez dans un saladier avec les cubes de patate douce et mixez grossièrement. Versez un filet d'huile d'olive, c'est prêt !

PURÉE
LENTILLES & CAROTTE

Comme les champignons et les algues, les légumineuses sont sources de protéines végétales que je privilégie dans l'alimentation de mes filles à partir de leurs 7 mois.

Toute l'année

POUR 4 PORTIONS

100 g de lentilles
1 pomme de terre
1 carotte
1 branche de céleri
½ oignon
1 branche de thym

Lavez, épluchez et coupez tous les légumes. Faites-les revenir quelques minutes dans une casserole avec un filet d'huile d'olive. Ajoutez les lentilles et la branche de thym puis mouillez à hauteur avec de l'eau. Faites cuire environ 30 minutes jusqu'à ce que les lentilles et les légumes soient tendres. Versez dans le bol d'un mixeur et mixez jusqu'à l'obtention d'une purée onctueuse. C'est prêt !

MOULINÉ COURGE MUSQUÉE & CABILLAUD

Le cabillaud est riche en acides gras poly-insaturés et en oméga 3.
N'ayez pas peur d'acheter des pavés de cabillaud surgelés lorsqu'ils sont issus d'une pêche responsable (label MSC).

Automne, hiver

POUR 4 PORTIONS

¼ de courge musquée

1 filet ou dos de cabillaud

1 feuille de laurier

1 pincée de noix de muscade (à partir de 8 mois)

Dans une casserole, déposez la courge musquée préalablement coupée en morceaux. Ajoutez le dos de cabillaud. Couvrez d'eau à hauteur et ajoutez la feuille de laurier. Faites cuire pendant environ 20 minutes : les morceaux de courge musquée doivent être bien tendres. Versez dans un presse-purée ou dans le bol d'un mixeur et mixez jusqu'à l'obtention d'un mélange homogène.

—

ASTUCE

Accompagnez cette soupe d'une tartine de crème de pistaches, si votre enfant n'est pas allergique ! Pour les adultes, déposez les pavés de cabillaud dans un plat allant au four, entourés de gingembre, de citron et de thym, puis enfournez 15 minutes à 170°C.

DESSERT POIRE & BUTTERNUT VAPEUR

La courge butternut est riche en fer et en manganèse.

Automne, hiver

POUR 4 PORTIONS

2 poires

¼ de butternut

—

Lavez les poires, coupez-les en quatre et épépinez-les. Placez-les dans le panier du cuit-vapeur avec le quart de butternut. Faites cuire 20 minutes puis mixez.

PURÉE AVOCAT, MENTHE & AMANDE

Envie que votre enfant dorme bien ?
Cette purée à la fois onctueuse et nourrissante, riche en calcium ainsi qu'en vitamine K, favorisera un bon sommeil !

Automne, hiver

POUR 4 POTS

4 petits avocats de Corse

1 petite poignée de feuilles de menthe

10 cl de lait d'amande

Le jus de 1 citron vert

Prélevez la chair des avocats. Pressez le citron vert. Dans un mixeur, mettez les avocats avec le jus de citron vert, le lait d'amande et les feuilles de menthe. Mixez bien jusqu'à obtenir une crème. Répartissez-la dans des petits pots. Servez immédiatement ou réservez au frais.

—

ASTUCE

Pour donner une touche sucrée, épluchez 1 poire bien mûre et ajoutez-la dans le mixeur. Cette recette est aussi réalisable sans mixeur : il suffit de tout écraser à la fourchette.

PURÉES & BOISSONS VÉGÉTALES

Les oléagineux sont riches en minéraux et en oméga 3, 6 et 9, importants pour le développement cérébral des petits.

Les purées

400 g d'oléagineux (noix de pécan, noisettes, amandes, graines de sésame, noix de coco râpée, cacahuètes)

—

Mettez les oléagineux dans un mixeur puissant. Commencez à mixer doucement jusqu'à obtenir d'abord un « crumble » puis une poudre, puis une farine, et enfin une pâte. Toutes les étapes précédentes peuvent êtres utilisées en remplacement de farine.

Les boissons végétales

2 cuillerées à soupe de purée d'oléagineux

50 cl d'eau

—

Dans un mixeur,
mettez la purée d'oléagineux
puis ajoutez l'eau.

—

ASTUCE

Deux fois plus de purée, et vous avez une crème !

CRÈME GLACÉE VEGAN

La noix de coco est riche en bonnes graisses. Cette recette n'est pas écologique, mais les jours de canicule, il m'arrive de la préparer pour un goûter vegan de folie !

Toute l'année

POUR 1 GROS POT

2 cuillerées à soupe d'huile de coco

100 g de crème de coco

Les graines de 1 gousse de vanille

4 bananes coupées grossièrement et congelées la veille sur une planche (pour ne pas qu'elles fassent un bloc)

50 g de noix de cajou trempées pendant au moins 6 heures (ou autre oléagineux, en option)

Dans un blender puissant, mixez tous les ingrédients, arrêtez le robot de temps en temps pour mélanger, et continuez de mixer.

Dégustez immédiatement sans en laisser une goutte ! Sinon, conservez au congélateur dans un récipient hermétique et large afin d'éviter que cela fasse un bloc.

Mixez de nouveau éventuellement à la prochaine utilisation.

—

VERSION CHOCOLAT

Ajoutez du chocolat fondu au bain-marie pour un effet wahouuuuuuu !

—

VERSION « COOKIE AND CREAM »

Ajoutez au mélange de gros morceaux de blondie aux pois chiches (voir recette page 164).

NICE CREAM AUX FRUITS ROUGES

Ce dessert glacé vegan est gourmand et riche en phosphore ainsi qu'en vitamines !

Printemps, été

POUR 4 POTS

Banane, myrtille, mûre

3 bananes

1 poignée de myrtilles surgelées

1 poignée de mûres surgelées

Banane, fraise, framboise

3 bananes

1 poignée de fraises surgelées

1 poignée de framboises surgelées

2 cuillerées à soupe d'eau de rose (en option)

Pelez les bananes et coupez-les en tranches. Mettez-les dans une assiette plate au congélateur. Faites reposer au moins 3 heures.

Dans un blender ou un grand bol de mixeur, mixez les fruits par à-coups jusqu'à obtenir une crème dense. Ajoutez l'eau de rose si vous le souhaitez. Servez de suite avec des fruits rouges frais.

9 À 12 MOIS

un peu de tout

DIPS POUR L'APÉRO DES PETITS

Servez ces dips avec les petits légumes que vous avez sous la main : radis, minicourgettes grillées, concombre, bâtonnets de carotte…

Printemps, été

Tzatziki
Calmant.

4 cuillerées à soupe de dessert au soja nature (ou yaourt fermier entier)

1 petit concombre

—

Lavez le concombre puis râpez-le finement. Déposez-le dans une gaze ou un torchon pour en retirer le plus d'eau possible. Renouvelez autant de fois que nécessaire. Ajoutez au dessert au soja et mélangez.

Houmous de haricots rouges à la betterave
Riche en fer.

1 betterave cuite

1 cuillerée à soupe de purée d'amandes complètes

1 petite boîte de haricots rouges déjà cuits

—

Égouttez les haricots rouges. Dans le bol d'un mixeur, déposez tous les ingrédients et mixez. Versez dans un petit bol.

Dip artichaut
Riche en vitamine E.

1 boîte d'artichauts confits et grillés

1 poignée de graines de tournesol

—

Déposez tous les ingrédients dans le bol d'un mixeur. Versez dans un petit bol.

Mayonnaise nature
Riche en oméga 3. Attention aux allergies.

1 œuf

1 cuillerée à café de moutarde

15 cl d'huile de colza

1 cuillerée à café de vinaigre balsamique blanc

—

Dans un bol, fouettez vigoureusement la moutarde avec le jaune d'œuf, en effectuant des mouvements de rotation. Ajoutez petit à petit l'huile de colza en filet. Continuez de fouetter jusqu'à ce que le mélange épaississe. Finissez par détendre la mayonnaise avec le vinaigre. Versez dans un petit bol.

PATATE DOUCE RÔTIE, KETCHUP DE BETTERAVE

Devenez l'idole des jeunes grâce à ce ketchup de betterave et ces frites de patate douce riches en fer et en magnésium !

Toute l'année

POUR 4 PORTIONS

1 patate douce

Un filet d'huile d'olive

Ketchup de betterave

2 grosses betteraves cuites

1 oignon rouge

50 g de concentré de tomates

10 cl de vinaigre de framboise ou balsamique

2 fleurs d'anis étoilé

1 pincée de cannelle

Une pointe de piment d'Espelette

Préchauffez le four à 180 °C. Lavez la patate douce ou épluchez-la. Coupez-la en tranches puis en bâtonnets. Déposez-les sur une plaque de four recouverte de papier sulfurisé. Versez un filet d'huile d'olive et mélangez avec les mains. Enfournez pendant 35 minutes jusqu'à ce que les bâtonnets soient tendres.

Préparez le ketchup de betterave. Dans une petite casserole, faites chauffer le vinaigre de framboise, l'anis étoilé, l'oignon rouge coupé en petits dés, la cannelle et les betteraves cuites coupées en morceaux. Laissez infuser et réduire 10 minutes. Ajoutez de l'eau si nécessaire. Enlevez l'anis étoilé puis, ajoutez une pointe de piment d'Espelette, le concentré de tomates et laissez mijoter encore 10 minutes. Mixez jusqu'à obtenir un mélange homogène. Gardez au frais dans un bocal en verre pendant 1 semaine.

ŒUFS À LA COQUE, MOUILLETTES DE PATATE DOUCE RÔTIE

Simple. Basique.
Riche en vitamines A et D.

Toute l'année

POUR 4 PORTIONS

4 œufs frais bio

Quelques patates douces rôties *(voir recette page 86)*

Laissez les œufs à température ambiante quelques minutes. Portez de l'eau à ébullition dans une casserole. Déposez délicatement les œufs et laissez cuire 3 minutes. Plongez les œufs dans l'eau froide pour stopper la cuisson. Déposez-les dans un petit coquetier et « coupez » leur chapeau. Dégustez à la petite cuillère, avec des bâtonnets de patate douce rôtis, ou bien des mouillettes de pain sans gluten tartinées de beurre selon vos goûts.

HARICOTS VERTS, PÊCHES RÔTIES & FETA

Voici une grande salade d'été, riche en vitamines C et B, à déguster à tout âge, à l'ombre d'un figuier...

Été

POUR 4 PORTIONS

2 pêches plates

2 poignées de haricots verts équeutés

120 g de feta émiettée

2 filets d'huile d'olive ou de coco

Lavez les pêches, dénoyautez-les et coupez-les en quartiers. Dans une petite poêle, faites chauffer l'huile puis ajoutez les quartiers de pêche et faites-les dorer sur feu moyen en les retournant.

Faites cuire les haricots verts dans de l'eau bouillante pendant 3 minutes. Rincez-les directement sous l'eau froide. Ils doivent rester bien verts et croquants.

Dans une assiette, déposez les quartiers de pêche, les haricots verts et la feta émiettée. Arrosez avec un filet d'huile d'olive. C'est prêt !

QUINOA, HERBES FRAÎCHES & CITRON

Le quinoa n'est plus produit uniquement à l'étranger, nous trouvons désormais ces petites perles des Incas en France. Profitons-en ! Elles sont très riches en oligo-éléments !

Toute l'année

POUR 4 PORTIONS

100 g de quinoa cuit al dente
Un filet d'huile d'olive
1 bouquet de ciboulette
1 citron

Pressez le citron pour en extraire le jus. Hachez la ciboulette finement. Mélangez le quinoa, la ciboulette, le jus de citron et l'huile d'olive. Servez.

HARICOTS BLANCS, PERSIL & TOMATES

Les haricots sont riches en protéines végétales. Si vous avez une algue kombu séchée dans votre placard, ajoutez-la dans l'eau de cuisson des haricots ; elle leur permettra d'être mieux digérés et d'éviter de petits prouts impolis...

Été

POUR 4 PORTIONS

200 g de haricots blancs secs

1 tomate ronde

2 poignées de tomates cerises

15 cl d'eau

Quelques feuilles de persil

La veille, faites tremper les haricots blancs dans un grand volume d'eau. Rincez les haricots puis placez-les dans une grande casserole et couvrez-les d'eau froide non salée ; ajoutez éventuellement une feuille d'algue kombu séchée. Portez doucement à ébullition, puis comptez 1 h 15 de cuisson. Égouttez les haricots.

Dans une poêle, faites revenir les tomates cerises dans un filet d'huile d'olive, à feu vif. Ajoutez l'eau et baissez le feu. Concassez finement la tomate ronde et ajoutez-la dans la poêle. Laissez cuire 5 minutes sur feu moyen. Ajoutez les haricots blancs et quelques feuilles de persil. C'est prêt !

BOULETTES DE LÉGUMES

Supergourmandes, riches en fer et en protéines végétales, ces boulettes ont tout pour elles ! Elles se préparent, se transportent, se conservent et se mangent très facilement.

Toute l'année

POUR 4 PORTIONS

250 g de lentilles corail

2 carottes

1 petite botte de persil

Dip yaourt-citron

3 cuillerées à soupe de yaourt grec ou de brassé au lait de coco

1 citron

Préchauffez le four à 180 °C. Faites cuire les lentilles, départ eau froide, jusqu'à ce qu'elles soient un peu trop cuites. Égouttez-les dans une passoire. Lavez, épluchez et râpez les carottes. Hachez finement le persil. Dans un saladier, mélangez le tout.

Formez des petites boules avec les mains. Déposez-les sur une plaque allant au four recouverte de papier cuisson. Enfournez 15 à 20 minutes.

Dégustez avec un petit pot de yaourt dans lequel vous pouvez ajouter le jus et le zeste de 1 citron.

GRANDE GAUFRE VEGAN AU BUTTERNUT

Gourmande et riche en minéraux, cette recette peut se décliner à l'infini.
Garnissez-la des restes qui traînent dans le frigo.
Ratatouille, curry, salade, houmous... Sur la gaufre, tout est bon !

Automne, hiver

POUR 6 GRANDES GAUFRES

300 g de farine (ou mélange de farines sans gluten : 100 g de farine de sarrasin, 100 g de farine de riz, 100 g de poudre d'amandes)

30 g de fécule de maïs

2 pincées de levure chimique bio

35 cl de boisson végétale de votre choix

60 g de purée d'amandes complètes

200 g de butternut

Garniture

6 petites asperges ou 200 g de haricots verts cuits (ou autres légumes verts en fonction de la saison)

6 grandes cuillerées à soupe de purée d'avocat *(voir recette page 75)*

Un filet d'huile de cameline

Dans un saladier, versez la farine (ou le mélange sans gluten), la fécule de maïs et la levure, et mélangez. Faites un puits et ajoutez la purée d'amandes, ajoutez petit à petit la boisson végétale tout en mélangeant afin d'éviter les grumeaux. Ajoutez le butternut râpé.

Faites cuire les gaufres dans un gaufrier légèrement huilé.

Coupez finement les tiges d'asperge en gardant les têtes (que vous pouvez couper en deux). Dans une casserole bien chaude, faites dorer les asperges avec un filet d'huile d'olive.

Étalez la purée d'avocat sur les gaufres, puis disposez joliment les légumes verts sur le dessus. Versez le filet d'huile de caméline.

—

ASTUCE

Remplacez la garniture par du houmous de haricots rouges à la betterave (voir recette page 85) ou aubergine & patate douce (voir recette page 67).

COQUILLETTES
BUTTERNUT, PARMESAN & BASILIC

Je camoufle souvent des légumes dans les coquillettes,
comme ici, la courge butternut, riche en calcium.

Automne-hiver

POUR 4 PORTIONS

150 g de coquillettes
(de lentilles ou autres)

¼ de butternut

Un filet d'huile d'olive

Quelques feuilles de basilic

2 cuillerées à soupe
de parmesan râpé

—

Faites cuire les coquillettes comme indiqué sur le paquet. Réalisez une petite purée de butternut à la vapeur *(voir recette page 24)*.

Mélangez les coquillettes avec la purée de butternut, ajoutez un bon filet d'huile d'olive. Servez tiède ou même froid, avec quelques feuilles de basilic et le parmesan râpé !

RIZ COCO & POULET

Ce petit plat d'inspiration asiatique, riche en magnésium et en potassium, fait toujours voyager les papilles des petits comme des grands.

Toute l'année

POUR 4 PORTIONS

150 g de riz thaï complet

25 cl de lait de coco

2 blancs de poulet bio cuits à la vapeur

Un filet d'huile de sésame grillé

Faites cuire le riz selon les indications du paquet. Rincez à l'eau froide puis égouttez. Effilochez les blancs de poulet à l'aide d'une fourchette ou aux doigts.

Dans une casserole, faites chauffer le lait de coco, ajoutez le riz puis le poulet effiloché. Déposez dans un bol puis ajoutez un filet d'huile de sésame grillé.

EFFILOCHÉ DE POULET & PURÉE VERTE

Voici une bonne manière de faire manger des légumes verts riches en fer. Vos petits se régaleront tout autant !

Toute l'année

POUR 4 PORTIONS

1 blanc de poulet bio

500 g de purée de pommes de terre *(voir recette page 37)*

Quelques feuilles d'épinard

Quelques feuilles de persil

Faites cuire le blanc de poulet dans de l'eau frémissante ou dans un bouillon d'épluchures de la semaine préalablement réalisé. Effilochez-le à l'aide d'une fourchette. Servez avec la purée chaude.

Pour ajouter de la chlorophylle et un peu de vert à la purée, ajoutez quelques pousses d'épinard et du persil quelques minutes avant la fin de cuisson des pommes de terres.

ONIGIRIS

Ma fille adore ces petits triangles colorés, riches en vitamines B1 et B2, que l'on retrouve souvent dans les bentos des enfants japonais. Amusez-vous à les préparer avec votre enfant comme une activité de pâte à modeler en cuisine !

Toute l'année

POUR 4 PORTIONS

200 g de riz rond japonais ou de riz rond complet trop cuit

4 cuillerées à soupe de mirin ou de vinaigre balsamique blanc

1 feuille de nori

1 poignée de sésame blond

Riz rose

2 cuillerées à soupe de jus de betterave que vous mélangerez au riz

Farce ultrasimple

3 cuillerées à soupe de petits dés de concombre et avocat

1 poignée de graines de sésame

Farce pour le riz rose

1 boîte de thon

1 cuillerée à soupe de mayonnaise *(voir recette page 85)*

Pour le façonnage, mouillez-vous les mains. Prenez du riz dans le creux d'une main, faites un petit creux au milieu et placez-y un peu de farce. Recouvrez avec autant de riz. Pressez avec l'autre main pour refermer le tout en une forme triangulaire.

Aplatissez le triangle puis enveloppez-le d'une bande d'algue nori ou bien enrobez-le de sésame blond. Recommencez jusqu'à utiliser tous les ingrédients.

Placez les onigiris 10 minutes au réfrigérateur puis dégustez. Ils peuvent être conservés 1 ou 2 jours dans un récipient hermétique.

—

ASTUCE

Pour obtenir des onigiris roses, ajoutez simplement 2 cuillerées à soupe de jus de betterave au riz cuit.

SUPRÊMES D'AGRUMES

Pensez à immortaliser la grimace de votre enfant lorsqu'il déguste un agrume pour la première fois !
Riches en vitamine C, ces fruits fixent le calcium sur les os.

Hiver

POUR 4 PORTIONS

2 ou 3 agrumes de votre choix

4 cuillerées à soupe d'hydrolat de géranium (ou autre)

Levez les suprêmes d'agrumes de votre choix (pamplemousse, citron caviar, mandarine…).

Laissez mariner au moins 10 minutes au frais avec un hydrolat.

—

POUR UNE VERSION FAMILIALE

Zestez les agrumes et parsemez le zeste sur les suprêmes.

MINESTRONE DE FRUITS

Cette recette est idéale pour initier les petits aux morceaux et au cru. Adaptez la taille selon l'âge. Les vitamines C et E de ces fruits sont bénéfiques pour la peau.

Printemps, été

POUR 4 POTS

1 poignée de fraises

1 miniconcombre

1 pêche

1 poignée de feuilles de basilic

15 cl de jus de pomme

—

Faites chauffer le jus de pomme dans une petite casserole. À ébullition, ajoutez les feuilles de basilic. Faites cuire sur feu doux jusqu'à ce que le jus réduise de moitié et devienne sirupeux.
Pendant ce temps, lavez les fruits. Coupez la pêche, le concombre et les fraises en petits dés. Déposez-les dans un saladier.
Sortez le basilic pour ne pas qu'il infuse trop puis laissez refroidir. Versez le sirop sur les petits dés de fruits et servez frais !

COMPOTÉE DE CERISES & YAOURT GREC

Tous les produits laitiers sont une source de calcium, indispensable pour la croissance des tout-petits. Surtout, n'oubliez pas d'ôter les noyaux !

Été

POUR 4 PORTIONS

4 yaourts grecs

500 g de cerises

—

Lavez les cerises, équeutez-les et dénoyautez-les. Faites-les compoter dans une casserole avec un filet d'eau, à feu moyen. Laissez cuire 15 minutes. Le sucre naturel des cerises va créer un mélange sirupeux.

Dans des petits bols, répartissez le yaourt grec et versez 1 bonne cuillerée de compotée de cerises.

TRIO DE RIZ AU LAIT

Ce dessert gourmand est riche en calcium et vitamine B12.
Il se décline avec tous les riz et toutes les boissons végétales ou laits.

Toute l'année

POUR 4 PORTIONS
1 litre de boisson végétale
100 g de riz

Faites bouillir la boisson végétale. Jetez le riz en pluie et baissez le feu pour que l'ébullition soit très lente. Le riz doit cuire doucement, comptez environ 1 heure de cuisson. Lorsque le riz est presque cuit, coupez le feu et laissez refroidir. Le riz va continuer d'absorber la boisson. Servez dans des petits bols et dégustez tiède ou froid !

—

Voici les associations de goûts :

1 - Riz venere et lait de coco.

2 - Riz rond et lait d'amande.

3 - Riz arborio, boisson végétale à l'avoine et 1 cuillerée à café de curcuma.

—

ASTUCE
Vous pouvez aussi ajouter de la crème végétale quand le riz commence à refroidir pour le rendre encore plus gourmand !

PANNA COTTA SÉSAME NOIR & VANILLE

Un dessert chiccissime pour votre bébé qui mérite évidemment le meilleur ! Le lait de coco associé au sésame noir est une excellente source de minéraux comme le calcium et le magnésium.

Toute l'année

POUR 4 PORTIONS

1 litre de lait de coco

3 g d'agar-agar

2 cuillerées à soupe de fécule de maïs

1 gousse de vanille

2 grosses cuillerées à soupe de purée de sésame noir

Gardez de côté un petit verre de lait de coco. Au reste, ajoutez la fécule de maïs, l'agar-agar et mélangez.

Dans une casserole, versez le reste de lait de coco, la gousse de vanille fendue en deux et le sésame noir. Faites chauffer la casserole à feu doux. Ajoutez le premier mélange avec la fécule de maïs et l'agar-agar dans la casserole. Mélangez sans cesse avec un fouet, sur feu moyen jusqu'à ce que le mélange épaississe et vienne à ébullition. Laissez bouillir 1 minute.

Versez la préparation dans les contenants de votre choix et laissez prendre au moins 2 heures au frais. Vous pouvez servir la panna cotta avec du coulis ou une compote de fruits de saison *(voir recettes pages 46-47)*.

PÂTE À TARTINER À LA PATATE DOUCE

Cette pâte à tartiner, riche en vitamines A, B6 et en magnésium vous garantit une gratitude éternelle... L'arnaque du siècle... De la junk food ? Non, du légume vapeur !

Toute l'année

POUR 1 PETIT POT

150 g de patate douce cuite à la vapeur

3 cuillerées à soupe de pépites de chocolat

Dans un blender, déposez la patate douce puis les pépites de chocolat. Mixez jusqu'à l'obtention d'une purée. Versez dans un pot hermétique

La pâte à tartiner se conserve 5 jours au réfrigérateur. Dégustez sur des gaufres au butternut *(voir recette page 163)*.

12 MOIS ET PLUS

comme les grands, mais en mieux...

PETITS CAKES DÉLICIEUSEMENT GREEN

Ces petits cakes, riches en calcium et en vitamine B12, pourront également vous servir de base pour cuisiner des buns à burger healthy.

Toute l'année

POUR 6 PETITS CAKES

150 g de farine (ou mélange de farines sans gluten : 50 g de farine de sarrasin, 50 g de farine de riz, 50 g de poudre d'amandes)

1 sachet de levure chimique bio

3 œufs

5 cl d'huile d'olive

10 cl de lait

75 g de parmesan râpé

4 cuillerées à soupe de pesto de fanes *(en option, voir recette page 137)*

Préchauffez le four à 180 °C.

Dans un saladier, mélangez la farine (ou le mélange de farines sans gluten) et la levure chimique. Faites un puits et ajoutez les œufs, le lait et l'huile d'olive. Mélangez au fouet afin d'obtenir une pâte lisse et homogène. Ajoutez le parmesan et éventuellement le pesto.

Versez la préparation dans un moule à cakes individuels et enfournez 20 minutes

—

ASTUCE

Cette recette peut vous servir de base pour de nombreux petits cakes. Ajoutez-y des légumes cuits, des herbes, des tomates séchées… selon votre imagination !

PANCAKES AVOCAT & COURGETTE GRILLÉE

Je cuisine ces pancakes le dimanche pour un brunch original et sain.
Tous les membres de la famille les dévorent sans modération.

Été

POUR 4 PORTIONS

2 petites courgettes

1 avocat

Pâte à pancakes

300 g de farine (ou mélange de farines sans gluten : 100 g de farine de sarrasin, 100 g de farine de riz, 100 g de poudre d'amandes)

30 g de fécule de maïs

2 pincées de levure chimique bio

35 cl de boisson végétale de votre choix

60 g de purée d'amandes complètes

200 g de butternut

Dans un saladier, mélangez la farine (ou le mélange sans gluten), la fécule de maïs et la levure. Faites un puits et ajoutez la purée d'amandes, puis la boisson végétale petit à petit, en mélangeant afin d'éviter les grumeaux. Ajoutez le butternut râpé.

Faites chauffer une poêle légèrement huilée. Versez 1 louchée de pâte. Quand des petites bulles apparaissent sur la surface du pancake, retournez-le et laissez cuire 1 minute sur l'autre face. Recommencez cette opération jusqu'à ce qu'il ne reste plus de pâte.

Lavez les courgettes et coupez les extrémités. Faites-les dorer à la poêle dans un filet d'huile d'olive. Coupez l'avocat en quartiers.

Déposez les pancakes sur une assiette, ajoutez les quartiers d'avocat et les courgettes, c'est prêt !

—

ASTUCE

Ces pancakes peuvent être servis avec des compotes ou crupotes (voir recettes pages 50-51), du yaourt, du granola, du houmous de haricots rouges à la betterave (voir recette page 85). Sucrés comme salés, ils sont délicieux !

MINI-PIZZAS DE CHOU-FLEUR

Remplacez l'éternelle pâte à pizza par du chou-fleur, riche en vitamine C. Une recette étonnante et très efficace auprès du jeune public.

Printemps, été

POUR 4 PORTIONS

500 g de bouquets de chou-fleur

2 œufs

60 g de parmesan

50 g de flocons d'avoine (sans gluten)

6 cuillerées à soupe de concentré de tomates

Courgette, feta, origan

2 petites courgettes

100 g de feta émiettée

1 bouquet d'origan

Oignon nouveau, parmesan

1 botte d'oignons nouveaux

100 g de parmesan râpé

Burrata, basilic

2 burratas crémeuses

1 botte de basilic

Mozza, tomate cerise

2 mozzarellas

250 g de tomates cerises

Déposez les bouquets de chou-fleur dans la cuve d'un robot mixeur. Mixez jusqu'à l'obtention d'une « poudre » de chou-fleur (ou râpez finement à la râpe à fromage). Transvasez dans un torchon propre puis essorez afin d'extraire l'eau du chou-fleur. C'est le secret de la recette !

Mélangez le chou-fleur avec les œufs, le parmesan et les flocons d'avoine. Formez une boule avec les mains puis étalez la pâte entre 2 feuilles de papier sulfurisé. Garnissez avec le concentré de tomates puis ajoutez les ingrédients de votre choix. Enfournez à 200 °C pendant 20 minutes.

MAÏS RÔTIS, NOIX DE COCO RÂPÉE

Amusez-vous à cuisiner cette recette, riche en vitamine A, avec vos enfants. Les petits doigts potelés tartinent puis roulent les épis de maïs pour leur plus grand plaisir !

Été

POUR 4 PORTIONS

4 épis de maïs frais

4 cuillerées à soupe de mayonnaise *(voir recette page 85)*

300 g de noix de coco râpée

Préchauffez le four à 200 °C. Nettoyez bien les épis de maïs et séchez-les. Déposez-les sur une plaque allant au four recouverte de papier sulfurisé. Faites griller les épis de maïs au four durant 20 minutes, en les retournant de temps en temps, jusqu'à ce que la lame d'un couteau les traverse facilement.

Pendant ce temps, faites torréfier la noix de coco râpée dans une poêle à feu moyen. Attention, cela peut vite brûler ! Déposez la noix de coco dans une assiette plate.

Retirez les épis de maïs du four et laissez-les tiédir quelques minutes avant de les badigeonner de mayonnaise. Roulez-les dans la noix de coco et dégustez-les encore tièdes !

—

ASTUCE

S'il est trop difficile pour votre enfant de manger le maïs entier en le tenant, coupez de haut en bas en longeant le centre.

TARTE ÉLISABETH

Cette recette de pâte à tarte est un classique de ma belle-mère. Pour ses petites filles, Élisabeth la décline en délicieuse tarte aux pommes à la cannelle, en tourte abricot-romarin ou encore en tatin oignons rouges-orties. La tomate est riche en zinc et en fer.

Été

POUR 6 PORTIONS

8 cuillerées à soupe de boisson végétale

200 g de beurre

200 g de farine (ou mélange de farines sans gluten : 60 g de fécule de pomme de terre, 80 g de farine de riz, 50 g de farine de sarrasin)

5 grosses tomates

3 cuillerées à soupe de moutarde à l'ancienne ou ketchup de betterave *(voir recette page 86)*

Pesto d'herbes *(voir recette page 62)*

Herbes aromatiques (basilic, persil, mélisse...)

Préchauffez le four à 180 °C. Dans une casserole, faites fondre le beurre dans la boisson végétale à feu très doux. Hors du feu, ajoutez la farine (ou le mélange sans gluten). Mélangez jusqu'à l'obtention d'une boule.

Ébouillantez les tomates pour les éplucher facilement, puis coupez-les en rondelles.

Aplatissez la pâte dans un moule à tarte et placez au four. Au bout de 10 minutes, badigeonnez de moutarde à l'ancienne (goût plus doux pour les enfants) ou de ketchup de betterave. Garnissez de rondelles de tomate et remettez au four pour 30 minutes.

Pour finir, ajoutez une généreuse quantité de pesto d'herbes et quelques herbes aromatiques.

GRATIN DE COQUILLETTES

Extraréconfortante, cette recette est souvent réalisée avec les restes de pâtes de la veille. Le parmesan est particulièrement riche en calcium.

Toute l'année

POUR 4 PORTIONS

200 g de coquillettes (sans gluten)

80 g de parmesan râpé

Une noix de beurre

Un peu de muscade (en option)

Garniture courgette

2 petites courgettes

Garniture blette

5 feuilles de blette

Préchauffez le four à 180 °C. Faites cuire les coquillettes al dente le temps indiqué sur le paquet. Égouttez-les et rincez-les à l'eau froide pour stopper la cuisson.

Préparez la garniture de votre choix. Coupez finement la courgette ou les blettes. Mélangez la garniture avec les pâtes, le parmesan râpé et une noix de beurre. Selon votre goût, vous pouvez ajouter un peu de muscade.

Enfournez pendant 25 minutes. Dégustez le gratin avec une salade d'artichauts confits et du persil frais.

—

VERSION AU CABILLAUD

Vous pouvez aussi ajouter un pavé de dos de cabillaud frais, cuit à la vapeur douce puis émietté, à la garniture.

SPAGHETTI PESTO DE FANES AUX AMANDES

Pourquoi jeter les fanes alors qu'elles sont extrêmement riches en chlorophylle et que l'on peut les twister en délicieux pesto ?

Printemps

POUR 4 PORTIONS

400 g de pâtes complètes aux lentilles corail

Pesto de fanes

4 poignées d'amandes

2 gousses d'ail (en option)

6 bonnes poignées de fanes de carotte, radis…

Un filet d'huile d'olive

Faites cuire les pâtes en suivant les instructions du paquet.

Préparez le pesto. Rincez soigneusement les fanes de légumes et séchez-les. Pelez et émincez les gousses d'ail. Faites légèrement torréfier les amandes sur une plaque allant au four pendant 3 minutes à 180 °C (ou à la poêle). Placez les fanes dans le bol d'un mixeur, ajoutez l'ail et les amandes. Mixez par à-coups en incorporant l'huile d'olive jusqu'à obtenir une pâte. Ajustez la consistance à votre convenance en ajoutant un filet d'eau ou d'huile d'olive à la préparation.

Mélangez le pesto avec les pâtes, c'est prêt !

CURRY DES MINIS

C'est son premier curry ! Riche en minéraux, ce petit plat lui fera découvrir de nouvelles saveurs grâce aux épices du curry.

Été

POUR 4 PORTIONS

1 poireau

3 carottes

1 aubergine

1 petit fenouil

300 g de quinoa

25 cl de lait de coco

3 pincées de curry sauvage

Quelques herbes fraîches (coriandre, persil, basilic...)

Un filet d'huile d'olive

Faites cuire le quinoa selon les indications du paquet. Égouttez-le et réservez.

Lavez tous les légumes et épluchez les carottes. Coupez le poireau et le fenouil en fines lamelles. Coupez les carottes et l'aubergine en petits dés. Faites suer le poireau dans un filet d'huile d'olive pendant 5 minutes. Remuez, puis ajoutez les carottes, laissez revenir quelques minutes en continuant de mélanger. Versez de l'eau à hauteur des légumes et laissez cuire encore 5 minutes. Une fois que l'eau est évaporée, ajoutez l'aubergine et le fenouil. Faites revenir quelques minutes et ajoutez le lait de coco. Continuez de cuire à feu doux jusqu'à ce que tous les légumes soient tendres.

Dans un bol, déposez le quinoa et le curry de légumes chaud. Décorez avec quelques herbes fraîches.

—

POUR UNE VERSION FAMILIALE

Ajoutez du galanga et des feuilles de citron kaffir dans le lait de coco pour un curry très parfumé.

POISSON PANÉ

Utilisez votre enfant comme excuse pour enfin remanger du poisson pané ! Le poisson est riche en oméga 3.

Toute l'année

POUR 4 PORTIONS

1 dos de cabillaud bien frais

2 tranches de pain sans gluten grillées (ou de pain rassis !)

1 œuf battu

4 cuillerées à soupe de farine de riz

Un filet d'huile d'olive

Mixez les tranches de pain dans le bol d'un mixeur afin d'obtenir une poudre grossière (ou râpez à la râpe à fromage). Versez dans une assiette creuse. Coupez le dos de cabillaud en tronçons, séchez les morceaux avec du papier absorbant.

Préparez le plan de travail. Versez la chapelure dans une assiette creuse, la farine de riz dans une deuxième assiette et l'œuf battu dans une troisième. Trempez les morceaux de cabillaud dans la farine de riz, puis dans l'œuf battu et, enfin, dans la chapelure.

Faites chauffer une poêle avec l'huile et faites cuire les poissons panés 2 minutes de chaque côté. Servez avec du riz thaï complet.

FLÉTAN VAPEUR AUX HERBES

Voici une recette de brochette originale, piquée d'une branche d'herbe aromatique qui diffuse toute sa saveur lors de la cuisson.
Le poisson est riche en oméga 3.

Toute l'année

POUR 4 PORTIONS

1 filet de flétan frais

4 ou 5 branches de romarin, menthe, thym ou mélisse

1 poignée de radis avec fanes, lavés

Quelques fines lamelles de courge

Préchauffez le cuit-vapeur. Coupez le filet de flétan en 4 grandes lamelles. Roulez-les et piquez chaque rouleau avec une tige de romarin. Déposez les radis préalablement lavés et coupés en deux, les lamelles de courge ainsi que le flétan dans le panier du cuit-vapeur. Faites cuire pendant 15 minutes. Dressez dans une belle assiette.

—

ASTUCE

Selon la saisonnalité des produits, vous pouvez utiliser les légumes de votre choix !

Servez avec une sauce vierge ou un ketchup de betterave *(voir recette page 86)*.

PETITS POIS-CAROTTES, LAITUE & POULET

Ne jetez plus vos vieilles salades, vous serez étonné par leur saveur une fois cuites. Cette recette est riche en vitamines B et C.

Printemps

POUR 4 PORTIONS

2 cœurs de laitue romaine coupés en quatre

3 petits oignons nouveaux

4 minicarottes

2 poignées de petits pois frais

1 blanc de poulet cuit et effiloché

Une noisette de beurre

—

Lavez et coupez finement les oignons nouveaux. Dans une casserole, faites fondre le beurre. Ajoutez les oignons nouveaux et faites-les suer. Ajoutez les minicarottes coupées en morceaux, et faites revenir le tout quelques minutes, en faisant attention que les légumes ne colorent pas trop. Versez de l'eau à hauteur puis ajoutez les petits pois et la laitue. Laissez cuire 3 minutes à feu moyen puis ajoutez le poulet effiloché. C'est prêt !

PETITS FARCIS

Ce plat haut en couleur qui a bercé mon enfance provençale nourrira aussi bien les petits estomacs que les mirettes de vos enfants. Les tomates sont riches en lycopène.

Été

POUR 4 PORTIONS

2 petites courgettes

2 tomates rondes

2 tomates multicolores

Farce

200 g de tofu fumé écrasé ou de viande hachée

1 gousse d'ail

1 petit bouquet de persil

1 petit bouquet de menthe

1 bouquet de cébettes

Quelques olives dénoyautées

Huile d'olive

Préchauffez le four à 200 °C. Coupez les légumes à l'horizontale, évidez-les et gardez l'intérieur pour la farce ou le gaspacho *(voir recette page 31)* qui accompagnera parfaitement !

Préparez la farce. Dans une poêle bien chaude, faites revenir dans 3 bons filets d'huile d'olive l'intérieur des légumes, le tofu ou la viande hachée, l'ail, les cébettes et les olives coupées. Mettez les herbes coupées dans un saladier, ajoutez la farce.

Garnissez les légumes. Disposez-les sur un papier cuisson et faites cuire 20 minutes. Ne mettez pas leurs chapeaux aux légumes car ils brûleraient ; vous les ajouterez à mi-cuisson. Retirez les légumes quand ils sont bien dorés.

Servez bien chaud avec une salade de pousses de betterave, des fèves et des petits pois frais.

POULET ENTIER DU DIMANCHE

La cuisson à l'étouffée révèle toutes les saveurs des ingrédients de cette recette écologique et riche en minéraux. On ne jette rien, on réutilise tout !

Toute l'année

POUR 6 PERSONNES

1 poulet bio ou fermier

Herbes : romarin, thym, ciboulette…

Légumes de votre choix : carottes, oignons nouveaux, radis, navets… Si ils en ont, gardez les fanes !

Un filet d'huile d'olive

Préchauffez le four à 200 °C. Lavez les légumes. Si certains légumes sont beaucoup plus gros que d'autres, coupez-les dans la longueur en gardant les fanes.

Disposez dans la cocotte les légumes en nid avec les herbes de votre choix, puis déposez le beau poulet au centre. Arrosez d'un filet d'huile d'olive et enfournez pendant 1 heure à 1 h 30, selon la taille des légumes.

—

POUR UNE VERSION FAMILIALE

J'aime bien déglacer en ajoutant un bon filet de vinaigre balsamique, ou ajouter dans ma cocotte (type Le Creuset®) 4 ou 5 beaux citrons non traités entiers.

ENERGY BALLS

Recette superénergétique, riche en vitamines et en minéraux.
Le goûter idéal des petits !

Toute l'année

POUR 5 ENERGY BALLS

250 g de noix de cajou trempées dans de l'eau tiède au moins 1 heure

5 dattes medjool dénoyautées

3 cuillerées à soupe d'huile de coco fondue

4 cuillerées à soupe de noix de coco râpée, pour l'enrobage

—

Mixez les ingrédients, sauf la noix de coco, puis placez la préparation 1 heure au réfrigérateur. Formez des petites boules avec vos mains et roulez-les dans la noix de coco râpée.

GLACE POPSICLE

De bonnes glaces hydratantes, riches en vitamines et sucrées naturellement.
Que du bon, du bon, du bon !

Été

POUR 6 GLACES

Fruits frais : mangue, orange, fraise ou pêche

Eau

Préparez les sirops de fruits. Pressez ou mixez le jus de différents fruits, par exemple mangue, orange, fraise ou pêche. Faites réduire chaque jus dans une petite casserole avec le double d'eau jusqu'à ce que le liquide diminue de moitié.

Versez 1 cuillerée à soupe de sirop dans chaque moule à glace puis complétez avec de l'eau. Laissez au congélateur au moins 3 heures avant de déguster.

ASTUCE

Vous pouvez ajouter de la boisson végétale à la place de l'eau (voir recettes pages 76-77). Et des morceaux de fruits frais !

AU GOÛTER

en-cas sains & gourmands

BARRES CHOCOLAT & NOISETTES

Chouchoutes des goûters, ces barres supergourmandes et énergétiques sont riches en vitamines et minéraux, comme le magnésium et le potassium.

Toute l'année

POUR 4 PORTIONS

- 60 g de chocolat pâtissier
- 80 g de noisettes concassées
- 100 g de figues sèches (en option)
- 80 g de graines de courge
- 250 g de flocons d'avoine
- 10 cl de sirop de pomme (ou d'érable)
- 3 cuillerées à soupe de purée de noisettes complètes

Préchauffez le four à 180 °C. Graissez et tapissez de papier sulfurisé le fond d'un moule carré.

Hachez les noisettes, les figues sèches et le chocolat. Versez dans un bol et ajoutez les graines de courge et les flocons d'avoine.

Dans le bol d'un mixeur, versez le sirop de pomme ou d'érable et la purée de noisettes, et mixez jusqu'à l'obtention d'une pâte lisse. Ajoutez au mélange de graines et déposez la préparation dans le moule en tassant avec le dos d'une cuillère. Enfournez 15 à 20 minutes. Coupez en portions.

—

ASTUCE

N'hésitez pas à varier les fruits secs et les fruits à coque !

CHIPS DE POMME

An apple a day keeps the doctor away !

Automne, hiver

POUR 4 PORTIONS

3 pommes non traitées

—

Préchauffez le four à 160 °C. Lavez bien les pommes. À l'aide d'un couteau, coupez-les en tranches pas trop épaisses. Disposez-les sur une plaque recouverte de papier sulfurisé. Enfournez pendant 30 minutes. Une fois que les chips de pomme colorent, baissez la température du four à 90 °C et laissez sécher encore 15 minutes.

GAUFRES MAISON AU BUTTERNUT

Encore un légume bien déguisé !
Tous les moyens sont bons pour leur faire manger de bonnes choses...
Les oléagineux sont riches en minéraux ainsi qu'en oméga 3, 6 et 9.

Automne, hiver

POUR 12 PETITES GAUFRES

300 g de farine (ou mélange de farines sans gluten : 100 g de farine de sarrasin, 100 g de farine de riz, 100 g de poudre d'amandes)

30 g de fécule de maïs

1 cuillerée à café de levure boulangère ou de levain sans gluten

35 cl de boisson végétale de votre choix

60 g de purée d'amandes complètes

200 g de butternut

Dans un saladier, versez la farine (ou le mélange sans gluten), la fécule de maïs et la levure, et mélangez. Faites un puits et ajoutez la purée d'amandes, puis la boisson végétale petit à petit, tout en mélangeant afin d'éviter les grumeaux. Ajoutez le butternut râpé.

Faites cuire les gaufres dans un gaufrier légèrement huilé. Accompagnez ces gaufres de purée d'oléagineux *(voir recette page 76)*.

BLONDIE AUX POIS CHICHES

Où est Charliche ?
Les pois chiches se cachent parfaitement dans cette recette…
Ils sont une excellente source de protéines végétales.
C'est ma version blonde du brownie !

Toute l'année

POUR 6 PERSONNES

300 g de pois chiches cuits, égouttés

50 g de poudre d'amandes

50 g de flocons d'avoine (sans gluten)

70 g de purée d'amandes complètes

100 g de pépites de chocolat

1 cuillerée à café de levure boulangère ou de levain sans gluten

1 cuillerée à soupe d'extrait de vanille

Préchauffez le four à 180 °C. Déposez tous les ingrédients dans le bol d'un blender, sauf les pépites de chocolat. Mixez bien puis incorporez les pépites de chocolat. Versez la pâte dans un moule préalablement huilé et enfournez pendant 20 minutes.

SPÉCULOOS

Si vous n'avez pas l'emporte-pièce pour découper ces petits bonhommes, un verre droit fera très bien l'affaire. Vous obtiendrez alors de jolis biscuits ronds. La cannelle, en plus d'avoir des vertus antibactériennes, apporte un goût sucré supplémentaire.

Toute l'année

POUR 4 PORTIONS

250 g de mix farine sans gluten : mélange à parts égales de farine de sarrasin, de farine de riz et de poudre d'amandes

150 g de sucre de dattes

125 g de beurre à température ambiante

1 œuf

1 cuillerée à soupe de cannelle

1 cuillerée à café de levure chimique bio

Préchauffez le four à 180 °C. Déposez tous les ingrédients dans le bol d'un robot mixeur ou un grand saladier. Mixez jusqu'à l'obtention d'une pâte. Débarrassez puis formez une boule avec les mains. Étalez la pâte entre 2 feuilles de papier sulfurisé avec un rouleau à pâtisserie.

Découpez avec un emporte-pièce de la forme de votre choix et décorez avec les dents d'une fourchette. Enfournez pendant 10 à 15 minutes. Sortez du four et déposez les biscuits sur une grille.

GÂTEAU DES CHAMPIONS AUX DATTES

Ce délicieux gâteau destiné aux jeunes sportifs ou aux enfants suractifs est aussi autorisé aux parents surménés.
Un goûter riche en minéraux grâce aux dattes.

Toute l'année

POUR 1 GÂTEAU

4 œufs

260 g de dattes ou pruneaux dénoyautées

70 g de farine de riz

70 g de farine de sarrasin

70 g de poudre d'amandes

200 g de beurre pommade

100 g de pépites de chocolat

—

Préchauffez le four à 180 °C. Dans un blender, mixez les dattes ou les pruneaux avec les œufs afin d'obtenir un mélange lisse. Transvasez le mélange dans le bol d'un robot batteur et ajoutez le beurre. Mélangez puis ajoutez la farine et les pépites de chocolat. Enfournez 20 minutes.

GÂTEAU D'ANNIVERSAIRE CHOCOLAT-COURGETTE

Un très beau gâteau de fête, riche en vitamine A, pour célébrer votre merveille ! Votre enfant ne sentira même pas la courgette dissimulée avec élégance par le chocolat...

Toute l'année

INGRÉDIENTS

70 g de cacao en poudre

100 g de fécule de maïs ou de pomme de terre

250 g de chocolat noir

12 œufs

600 g de courgettes râpées

Préchauffez le four à 180 °C. Prévoyez 3 moules de tailles différentes pour l'effet pièce montée.

Faites fondre le chocolat au bain-marie ; gardez-en l'équivalent de 5 cuillerées à soupe pour le glaçage.

Séparez les blancs des jaunes d'œufs, montez les blancs en neige. Mélangez énergiquement la fécule, les jaunes et le cacao en poudre. Lorsque le mélange est homogène, ajoutez les courgettes râpées puis incorporez délicatement les blancs d'œufs. Huilez les moules puis versez la pâte dedans. Enfournez 45 minutes. Vous pouvez enlever les petits gâteaux plus tôt ; surveillez la cuisson. Démoulez et laissez refroidir.

Lorsque les gâteaux ont refroidi, empilez-les du plus grand au plus petit.

Pour le glaçage, versez le chocolat fondu.

—

GLAÇAGE PLUS CRÉMEUX

Mixez 3 petits avocats de Corse bien mûrs avec 4 cuillerées à soupe de chocolat fondu. Vous pouvez ajouter du sucre de dattes ou du sirop de pomme (ou autre sucrant type miel, sirop d'agave, sirop d'érable...).

CONFITURES MAISON

Ne gaspillez plus vos fruits trop mûrs !
Recyclez-les en délicieuses confitures originales et sans sucre.
À conserver au maximum 2 semaines au réfrigérateur.

Selon la saison des fruits utilisés

POUR 1 GROS POT

Mangue, chia

2 mangues bien mûres

½ citron vert pressé

2 cuillerées à soupe de graines de chia

—

Pêche, abricot

4 abricots

3 pêches

2 cuillerées à soupe de graines de chia

—

Fruits rouges

200 g de fraises

100 g de mûres

100 g de framboises

2 cuillerées à soupe de graines de chia

Mangue, chia
Mixez les mangues épluchées et coupées en morceaux. Dans un bol, mélangez cette purée de mangues avec le jus de citron vert. Ajoutez les graines de chia. Mélangez, mettez en pot et placez au frais. La texture va s'épaissir grâce aux graines de chia.

Pêche, abricot
Mixez les abricots avec les pêches préalablement lavés et dénoyautés. Dans un bol, mélangez cette purée avec les graines de chia et placez au frais.

Fruits rouges
Lavez tous les fruits puis placez-les dans un blender avec les graines de chia. Mixez puis placez au frais.

EAUX AROMATISÉES

Hydratez votre enfant en lui faisant découvrir de nouveaux goûts naturels et faire le plein de vitamines ! Laissez infuser à froid des fruits bio non traités, des herbes préalablement lavées dans de l'eau minérale et placez 2 heures au frais avant de déguster.

Selon la saison des ingrédients utilisés

POUR ENVIRON 1,5 LITRE

—

Poire, raisin vert

2 poignées de grains de raisin coupés en deux

1 poire coupée en quartiers

—

Agrumes

1 citron coupé en tranches

1 orange coupée en tranches

1 pamplemousse coupé en tranches

—

Citron, mandarine

1 citron coupé en quartiers

2 mandarines coupées en quartiers

Fruits rouges

2 poignées de framboises

1 poignée de fraises

Quelques mûres

Quelques groseilles

Quelques myrtilles

—

Shiso, romarin

1 branche de shiso

2 branches de romarin

—

Herbes fraîches

3 branches de menthe

4 branches d'origan

SMOOTHIES

Quelques idées recettes de smoothies. L'idéal est d'avoir un robot blender ou un mixeur. Avant de commencer un smoothie, assurez-vous que vos fruits sont lavés et dénoyautés pour certains.

Selon la saison des ingrédients utilisés

POUR 1 VERRE

—

Coco, myrtille

15 cl d'eau de coco
100 g de myrtilles

—

Fraise, banane

1 poignée de fraises
1 banane
Un filet d'eau

—

Banane, baies

1 banane
1 poignée de mûres
1 poignée de myrtilles

—

Fraise, hydrolat de verveine

250 g de fraises
1 cuillerée à soupe d'hydrolat de verveine

Pomme, cassis, cranberries

2 pommes
1 poignée de cassis
1 poignée de cranberries
Un filet d'eau

—

Mangue, litchi, eau de coco

½ mangue
4 litchis
15 cl d'eau de coco

—

Abricot, huile de sésame

6 abricots
Un filet d'huile de sésame

—

Avocat, poire, basilic

1 avocat
2 poires
1 bouquet de basilic

Pomme, pousses d'épinard

3 pommes
1 poignée de pousses d'épinard

—

Pomme, coco, spiruline

1 pomme
15 cl d'eau de coco
2 pincées de spiruline

—

Poire, cannelle

2 poires
2 pincées de cannelle

—

Poire, citron vert

2 poires
Le jus de 2 citrons verts

TABLE DES RECETTES

4 À 6 MOIS
premiers repas

—

6 À 9 MOIS
premiers repas protéinés

—

9 À 12 MOIS
un peu de tout

—

12 MOIS ET PLUS

comme les grands, mais en mieux...

—

AU GOÛTER

en-cas sains & gourmands

INDEX

MERCI

Merci infiniment à mes chères éditrices, Galatéa, Audrey, Christine et Élisabeth, de me suivre et me soutenir depuis le début, et encore pour l'aventure de ce nouveau livre ! Nous grandissons ensemble en quelque sorte... Travailler avec moi peut être sportif, mais vous vous êtes accommodées, encore une fois, à ma spontanéité avec grâce !

Merci à mon Émilie (Griotte) adorée, avec qui nous réussissons toujours à faire des exploits esthétiques, créatifs et... temporels ! Nous nous sommes connues bien avant bébés et mariage, et pourtant, nous retrouvons encore l'ambiance d'adolescentes déchaînées lorsqu'on shoote un livre ensemble… j'espère pour encore bien longtemps !

Merci de tout mon cœur à ma CamCham (Camille Chamignon) adorée, mon bras droit grâce à qui je peux avancer autant dans mon travail et dans ma vie personnelle. Soutenue par tant de bon sens, bienveillance, humour, talent et intelligence, je n'ai plus de limites ! Merci aussi d'apporter avec Hermine, Juliette, Apoline, Marion, Paula, Lucile, Léo, Jade autant à « la Guinguette d'Angèle » et de l'avoir révolutionnée avec tes photos sublimes et tes idées explosives !

Merci à Florence Maeght, ma maman chérie, qui travaille sans répit pour que ma vie et celles de mes filles soient douces. Et pour les bonnes purées que tu m'as faites bébé grâce auxquelles j'aime tant manger aujourd'hui !

Enfin et surtout, merci à mes petites filles merveilleuses qui irradient ma vie comme un soleil doux, je suis si honorée d'être le petit bâton sur lequel vous pouvez vous appuyer pour pousser si vite. Comme un trésor, je garde dans mon cœur la tendresse de vos baisers du matin sur les joues, l'odeur de vos petits cous chauds, les mélodies de vos jolies chansons de rêveuses. Merci bien sûr à leur papa qui, depuis presque 20 ans, me tolère à peu près...

58, rue Jean Bleuzen
92178 Vanves

Mise en pages : Sophie Villette
Suivi éditorial : Natacha Kotchetkova

7392952
ISBN : 978-2-501-15452-9
Dépôt légal : novembre 2020
Achevé d'imprimé par Graficas Estella en Espagne en septembre 2020.